LE PASSAGE

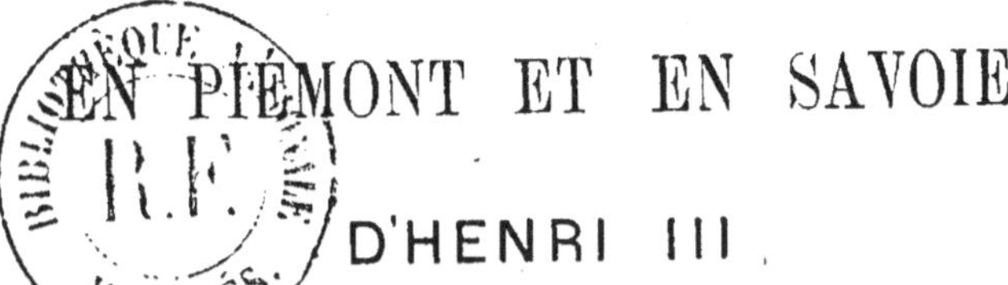

EN PIÉMONT ET EN SAVOIE

D'HENRI III

Roi de France et de Pologne

(Août-septembre 1574)

PAR

François MUGNIER

Conseiller à la Cour d'appel de Chambéry.

PARIS

H. CHAMPION, LIBRAIRE, 9, QUAI VOLTAIRE

—

1899

LE PASSAGE

EN PIÉMONT ET EN SAVOIE

D'HENRI III

Roi de France et de Pologne

(Août-septembre 1574)

PAR

François MUGNIER

Conseiller à la Cour d'appel de Chambéry.

PARIS

H. CHAMPION, LIBRAIRE, 9, QUAI VOLTAIRE

—

1899

EXTRAIT DU TOME XXXVIII
des *Mémoires de la Société savoisienne d'histoire
et d'archéologie.*

Le Passage en Piémont et en Savoie d'Henri III, roi de France et de Pologne.

(Août-septembre 1574.)

I.

De Cracovie à Verceil.

Charles IX, de sinistre mémoire, était mort au château de Vincennes le 30 mai 1574, à l'âge de vingt-quatre ans, ne laissant, de son mariage avec Elisabeth d'Autriche, qu'une fille n'ayant pas encore deux ans. Aussitôt, Catherine de Médicis s'empara de la régence du royaume (1) dont son troisième fils, Henri, roi de Pologne, devenait le maître. Le lendemain même du décès, elle envoyait à ce fils préféré, et par des routes différentes, deux émissaires, MM. de Chemerault et de Neuvy.

Le 15 juin, Henri de France, l'ancien duc d'Anjou, qui, dans son palais de Cracovie, se

---

(1) Elle avait eu soin, d'ailleurs, de se la faire attribuer par le roi mourant.

reposait d'une nuit passée au bal, vit sa porte forcée par l'ambassadeur de l'empereur Maximilien. Il venait lui annoncer l'événement. La nouvelle fut bientôt confirmée par Chemerault et Neuvy. Après un conseil tenu avec ses courtisans français, Villequier, Pibrac, Bellièvre (1), Miron, Souvré, Larchant, Caylus, du Halde, Henri décida de revenir en France sans délai. Le 17 juin, il se mit au lit en présence du grand-maréchal du palais, Tenczinski, et fit semblant de dormir. Ayant par ce moyen réussi à tromper la vigilance du seigneur polonais, il monta à cheval avec une grande partie des gentilshommes français et, grâce à la vitesse de ses chevaux, put échapper à la poursuite de Tenczinski et de son escorte de Tartares. L'empereur Maximilien lui fit le meilleur accueil sur ses terres et alla le recevoir à une lieue de Vienne où il lui donna de grandes fêtes, espérant, a-t-on dit, lui faire épouser sa fille, la jeune veuve de Charles IX.

Henri, parti de Vienne le 29 juin, se trouva le 11 juillet sur le territoire de la république de Venise, et, à travers mille ovations, arriva à Murano le 17, monté sur une gondole s'avançant au milieu de quarante embarcations de jeunes

(1) Pompone de Bellièvre, ancien conseiller du Parlement de Savoie sous l'occupation française, ambassadeur de France à la cour de Pologne et qui devint garde des sceaux sous Henri IV.

patriciens. Chaque jour à Venise il reçut les honneurs les plus délicats. Il y vit les grands artistes et goûta à tous les plaisirs de cette ville aux mœurs faciles (1). Il avait auprès de lui Louis de Gonzague, duc de Nevers, et le « complaisant » duc de Ferrare, qui le conduisait dans ses aventures nocturnes. Bientôt, le 20 juillet, survient, moins à l'improviste qu'on ne l'a dit, Emmanuel-Philibert, duc de Savoie, son cousin et son oncle (2). Tous ensemble assistent encore aux fêtes magnifiques de la sérénissime République (3) ; mais le moment de rentrer en France est arrivé. On discute sur l'itinéraire à suivre. Le passage par la Suisse est difficile, et celui par le Milanais, appartenant alors à l'Espagne, mais que la France revendiquait, n'est ni sûr, ni honorable. Le roi se décide pourtant. Confiant dans les promesses de Philippe II et, surtout, dans la prudence du duc de Savoie, il

(1) Voir, dans la *Revue Nouvelle* de juin 1894, les sonnets que la courtisane lettrée Veronica Franco lui adressa avec son portrait.

(2) Le duc de Savoie avait en 1559 épousé Marguerite de Valois, duchesse de Berry, sœur d'Henri II.

(3) On en trouvera le récit, notamment, dans l'ouvrage de MM. de Nolhac et Solerti : *Il viaggio in Italia di Enrico III, rè di Francia*, L. Roux, Turin 1890, in-8°, et dans l'*Introduction* de M. Hector de la Ferrière, au tome V des *Lettres de Catherine de Médicis*. — Le doge était alors Louis Mocenigo. Le duc de Savoie logea dans son palais.

6

traversera quelques villes du Milanais en évitant
la capitale (1).

Voilà ce que les historiens ont raconté. Il semble pourtant que le passage par les Etats du duc
de Savoie était décidé depuis la fin de juin. Emmanuel-Philibert le savait, puisque le 3 juillet sa
femme, la duchesse Marguerite, « faisait entendre
aux syndics de Turin que la ville devait élever un
arc de triomphe avec un baldaquin pour recevoir
le roi de Pologne » (2), et que, le 14 juillet déjà,
le conseil de la communauté de Chambéry se ras-
semblait pour désigner les organisateurs de la
réception à faire à Henri III (3). Evidemment, les
villes de Turin et de Chambéry, si pauvres alors,
ne se seraient pas décidées à des dépenses assez
considérables si elles n'avaient pas reçu, avec
l'ordre formel de les faire, l'assurance qu'elles ne
seraient pas inutiles.

Il est bien possible que le duc de Savoie, qui
s'était abouché avec Roger de Saint-Lary, sieur
de Bellegarde, au moment où ce gentilhomme
traversait le Piémont pour aller à la rencontre du
roi, à Venise ou plus avant (4), se fût assuré le

(1) Le gouverneur espagnol était alors D. Antoine de
Gusman, seigneur d'Ayamonte.

(2) Ferd. Gabotto et Aug. Badini Gonfalonieri, *Per
l'intrata di un rè di Francia in Torino nel 1574.*

(3) Registres consulaires de la ville de Chambéry de 1574;
voir plus loin la délibération du conseil.

(4) Ercole Ricotti, *Storia della monarchia piemontese,*
II, p. 354.

concours de ce premier des mignons d'Henri III pour déterminer le roi. Il espérait sans doute conquérir l'amitié du jeune prince, qui ne résisterait pas à ses témoignages de dévouement ni à la grâce séduisante de la duchesse, et obtenir de lui la restitution des places que la France retenait encore en Piémont.

Quoi qu'il en soit, le 27 juillet, le roi quitte Venise. Il passe à Padoue, Ferrare, Mantoue, Crémone, et arrive enfin, le 11 août, à Verceil (1), où il eut la surprise de se trouver environné d'un grand nombre de seigneurs français accourus de toute part pour lui faire hommage (2), et, où suivant l'expression de sa mère, il put se regarder déjà comme en France (3).

A Venise, Emmanuel-Philibert s'était appliqué à s'effacer devant le roi de France, disant être venu pour rendre des honneurs et non pas pour en recevoir. Arrivé dans ses Etats, il agit en souverain, sans quitter toutefois l'attitude d'un parent, et de façon à mériter d'Henri III le nom de *second père* ainsi que la reconnaissance de la reine-mère.

C'était sans doute surtout dans son propre intérêt que le duc avait quitté Savone, où il se reposait

(1) F. SARACENO, *Emanuele-Filiberto e il passaggio in Piemonte del rè di Pologna nel 1574. (Curiosità e Ricerche di Storia subalpina ;* livraison XVIII, p. 213-230.)

(2) NOLHAC et SOLERTI, p. 201.

(3) *Lettres de Catherine de Médicis,* V, p. 67.

8

d'une grave maladie, pour se rendre à Venise; mais il avait également obéi à la sollicitation de Catherine de Médicis. Bien plus que le roi, il l'avait avertie de ce qui se passait à Venise ; aussi avait-elle pu lui écrire en parlant de son fils : « étant sur les lieux je vous supplie le conseiller, comme je sais que vous l'aimez, et desirez sa conservation et honneur. Je me confie à vous » (1). Le 8 août, elle lui écrivait encore :

« Mon frère, je ne veux faillir de vous remercier par le sieur André Bauque de la peine et soin que vous prenez pour la conduite et sureté du Roy mon fils qui augmentent tant l'obligation que je vous ay que je vous prie croire que je ne l'oublierai jamais et prie Dieu qu'il me puisse donner occasion que, par quelque bon effet je vous puisse faire connaître ce que j'en ressens. Ie me puis acheminer aujourd'hui (2) pour aller trouver ledit Roi mon fils à Lyon, croyant que, Dieu merci, toutes choses sont en bon état, et j'espère que j'aurai double joie si j'ay ce bien de vous voir ainsi que Madame *(la duchesse de Savoie)* avec le Roy, ce que je ne puis me

(1) *Lettres de Catherine de Médicis,* V ; Introduction p. xxvii, 60.

(2) Il y a dans le texte des *Lettres,* p. 72, « acheminée *a nuit.* Je pense qu'il fallait lire *a huit,* c'est-à-dire *à hui,* aujourd'hui. On rencontre bien dans les Lettres de Catherine de Médicis quelques erreurs de lecture ou d'impression. C'est ainsi qu'à la page xxxv de l'Introduction, avant-dernière ligne, au lieu de Ponsin, il faut Pouzin ; à la page suivante, ligne 22, au lieu d'*ainsi,* il faut *ains* (mais, au contraire), et que le mot *et* semble devoir être supprimé à la ligne 30.

garder de bien fort vous prier. Et en récompense employez-moi en ce que j'aurai de moyens pour votre contentement que je désire autant que le mien. Je feray fin priant Dieu qu'il vous donne ce que vous desirez.

De Brie Conte Robert ce viii août 1574. Votre bonne sœur. — CATERINE (1).

II.

De Verceil à Turin.

Arrivé à Verceil, Emmanuel-Philibert ne se contenta plus des soixante gentilshommes qui l'avaient accompagné à Venise. Il voulut se montrer à son neveu sous la figure d'un souverain puissant aussi bien que sous celle d'un parent dévoué. Quatre mille hommes d'infanterie et quelques compagnies de chevau-légers étaient venus l'attendre, sous le commandement du comte de Masin ; à Chivasso leur nombre s'augmenta du double au moyen des troupes de pied sous les ordres du gouverneur de la ville, Léonard de la Rovere (ou du Rouvre).

Le voyage de Verceil à Turin et de Turin à Chambéry s'accomplit suivant les instructions détaillées que le duc avait données au grand-chancelier Jean-Thomas Langosco di Stropiana

(1) J'ai ramené cette lettre autographe de Catherine de Médicis à l'orthographe moderne. Voir, ci-après, la lettre du 30 août, à la duchesse de Savoie, reproduite textuellement.

et que celui-ci avait notifiées aux syndics des deux villes (1). Le 15 août, le roi trouva aux abords de Turin, vers les moulins de la Doire, un pavillon de verdure auprès duquel stationnaient encore cinq mille fantassins et le reste des chevau-légers. A droite et à gauche se déployait la foule des vassaux feudataires, vêtus de noir à raison de la mort du roi Charles IX. Puis, de distance en distance, jusqu'à la porte de la ville, étaient échelonnés le grand-chancelier avec le Conseil d'Etat, le Sénat, la Chambre des Comptes, d'autres officiers ducaux, le Municipe et le Clergé. Toute la route, jusqu'au Dôme, était ornée de branchages, de tapis et de rideaux disposés avec goût par les maîtres des arts et des métiers.

Henri III descendit de carrosse au pavillon pour se rafraîchir et monter à cheval. Il y était attendu par le prince de Piémont, Charles-Emmanuel, jeune garçon de douze ans, qui le harangua avec une aisance et une grâce au-dessus de son âge. Le cortège se mit en marche aux détonations des arquebuses et de l'artillerie ; à Porte-Palais, le duc présenta les clefs de la ville au roi (2) ; l'archevêque de Turin, Jérôme de la Rovere, lui donna,

(1) Ces instructions sont rapportées dans tous leurs détails dans F. SARACENO, *Emanuele-Filiberto e il Passaggio in Piemonte del Rè di Polonia nel 1574.*

(2) FERD. GABOTTO et A. BADINI GONFALONIERI, *Per l'Entrata*, etc., p. 19. Ces auteurs, qui publient une relation

après qu'il fut descendu de cheval, la croix à baiser, et lui fit un discours qui fut écouté avec une grande attention. Vinrent ensuite les syndics de la ville, Jean-Antoine Parvopassu (Petitpas) et Baptiste de Gratiis, accompagnés des conseillers. Ils firent la révérence au roi et lui dirent ces paroles :

« Sire, les syndics et agents de cette ville de Turin baisent respectueusement la main royale de Votre Majesté et se réjouissent grandement de votre arrivée ici ; d'ordre de notre duc nous venons révérer V. M. sinon avec tout l'honneur que sa grandeur mérite, du moins avec un esprit dévoué, et en lui offrant la Ville, ses habitants et tout ce dont ils sont capables pour l'honorer et la servir. »

Après avoir écouté avec bienveillance cette sobre harangue, le roi remonta à cheval, et, placé sous le baldaquin de toile d'or fait par la ville, se rendit au Dôme où la sérénissime duchesse se trouvait, puis, les prières achevées, entra au palais par la petite porte de derrière de l'église. Le dais avait été porté par quatre seigneurs représentant les quatre maisons (ou lignages) turinois auxquelles cet honneur appartenait : Jean-François de la Rovere, Nicolas Paulo, conseiller de la ville, désigné par elle, Jean-François Bellecombe et

trouvée dans les Ordonnances de la ville, font remarquer que Ricotti s'est trompé (II, p. 356) en attribuant la présentation des clés au gouverneur de Turin.

Marchio Borgesio, escortés de douze jeunes « estaffiers » vêtus de satin blanc doublé de taffetas incarnat broché d'or (1).

Henri III s'arrêta douze jours à Turin. En dehors des trop nombreuses heures consacrées aux fêtes qui se succédaient sans relâche, il put goûter quelques plaisirs meilleurs auprès de sa tante, la spirituelle et toute aimable Marguerite de France, qui l'accueillit avec une tendresse mêlée de respect. Elle aussi dut être heureuse de revoir ce jeune monarque qu'elle avait laissé enfant lorsqu'elle avait quitté Paris en 1559, et dont les traits charmants voilaient encore l'âme empoisonnée déjà. L'esprit de la duchesse et la gravité de son époux, le grand capitaine qui avait vaincu à Saint-Quentin, durent impressionner le jeune roi. Il ne put résister aux larmes de sa tante, lorsque, se jetant à ses pieds, elle le supplia d'exécuter les dernières clauses du traité de Câteau-Cambrésis, relatives à l'occupation de certaines places de guerre du Piémont, clauses qui étaient comme une partie de sa dot.

Par ce traité, en effet (3 avril 1559), le mariage et la dot de Marguerite avaient été arrêtés en même temps que les conditions d'évacuation du

----

(1) *Per l'Entrata*, p. 19 et 20 ; nous avons traduit à peu près littéralement la *relation* municipale. Elle ne mentionne pas la construction d'un pont (indiquée par Ricotti) pour se rendre de l'église au palais ducal.

Piémont. Il avait été convenu que la France conserverait les cinq places de Turin, Chieri (soit Quiers), Chivasso (soit Chivas), Pignerol et Villeneuve, jusqu'à la solution du différend entre les deux Etats. A raison de cette stipulation, le roi d'Espagne exigea l'occupation par son armée de Verceil et d'Asti. La conférence tenue à Lyon pour le règlement des « différents » n'aboutit pas. Les négociateurs se séparèrent sans avoir rien conclu (30 janvier 1562) ; mais la régente Catherine de Médicis et la duchesse de Savoie continuèrent à échanger des dépêches portées de l'une à l'autre par un joueur de luth. La mère du roi avait besoin d'argent et voulait reprendre Lyon aux Protestants. Le 8 août 1562, à Blois (1), il fut convenu que le duc de Savoie fournirait à Charles IX trois mille hommes d'infanterie avec deux cents cavaliers, et qu'il cautionnerait l'emprunt de cent mille écus d'or sol consenti à la Couronne par Cosme de Médicis. En retour, le roi devait restituer au duc Turin, Chivasso, Villeneuve d'Asti et Chieri, et recevoir Pignerol, la Pérouse et Savigliano, sans pouvoir toutefois les incorporer à la France.

L'accord était bien écrit, mais quand le duc voulut en venir à l'exécution, il se heurta à la résistance des commandants français en Piémont

(1) Les négociations avaient d'abord été suivies à Paris, pour le duc de Savoie, par Pierre Maillard, seigneur du Bouchet, gouverneur de Savoie, et Louis Oddinet de Montfort, président au Sénat de Chambéry.

14

et de ceux qui y exerçaient des emplois, Bourdillon, les Birague, etc. Il ne put avoir raison de cette mauvaise volonté qu'après des ordres réitérés de la reine-régente et du Conseil, et s'être obligé à prêter de son propre argent cent mille écus pour payer la solde arriérée des soldats français qui l'exigeaient impérieusement.

Emmanuel-Philibert, les ayant demandés au duc de Ferrare, son cousin, qui les lui refusa, dut s'adresser à ses vassaux et aux communes. Elles lui fournirent rapidement 237,775 livres. Emmanuel put alors reprendre Turin et y faire, le 7 février 1563, son entrée triomphale avec la duchesse Marguerite (1). Ayant ensuite réclamé à Philippe II le relâchement d'Asti et de Santià (2), il éprouva un refus formel basé sur ce que l'évacuation par la France n'était pas encore complète (3). Les choses étaient restées en cet état jusqu'au retour de Pologne. Par un sentiment élevé de sa dignité, le duc de Savoie ne voulut pas, tant qu'il fut dans ses Etats, dire un mot à Henri de son vif désir d'obtenir enfin l'évacuation complète du

(1) *Traités publics*, I, 59. — Traité de Fossano du 2 novembre 1562 ; — RICOTTI, II, p. 218-224.

(2) D. CARUTTI, *Storia della Diplomazia della corte di Savoia*, I, p. 351. Lettre du duc de Savoie à Philippe II, du 11 mars 1565. La ville de Verceil, attribuée au roi d'Espagne par le traité de Câteau-Cambrésis, avait été échangée par lui contre la place de Santhià, déjà avant 1565. (Voir RICOTTI, II, p. 267.)

(3) E. RICOTTI, II, p. 357.

Piémont par les troupes royales ; mais il est bien douteux que, comme l'avancent les historiens italiens, il n'ait pas connu à l'avance la démarche de la duchesse et n'y ait pas consenti (1).

III.

De Turin à Chambéry.

Le roi de France quitta Turin le 27 août et se dirigea vers la Savoie par Rivoli, Avigliana et Suse, accompagné d'Emmanuel-Philibert, qui lui avait donné « une garde de 400 fantassins de choix ayant pour colonels et capitaines les seigneurs Fozaro et Octave des comtes de Piossasco, Pierre de la Rousse, sergent-majour de la ville de Turin, Blaise Mattone de Cherasco, Geoffrey Oger de Vigone, Thomas Santo de Busca, Sébastien Plazza di Piobesi, Ascanio Dona de Saint-Germain, Dominiquon, napolitain fameux par le secours qu'il avait porté à la ville de Cuneo, et différents capitaines et soldats d'aventure... qui furent, plus tard, envoyés sous le commandement du comte de Bene (2) au secours de l'armée royale guer-royant en Dauphiné » (3) contre les protestants.

(1) E. Ricotti, II, p. 356-357.

(2) Jean-Louis Costa, comte del Bene (Guichenon, II, 265).

(3) *Memorie di un terrazzano di Rivoli, dal 1535 al 1586 ;* édition de Dominique Promis, dans *Miscellanea di Storia italiana,* VI, 1865, p. 657.

16

Outre cette escorte spéciale, le duc de Savoie avait dirigé vers le Lyonnais, sous le commandement de son gendre, Philippe d'Este, marquis de Lans (1), 5,000 hommes de pied et 400 chevaux destinés à préserver Henri III contre toute entreprise des Huguenots et des grands seigneurs d'une fidélité douteuse : son propre frère, le duc d'Alençon, le roi de Navarre, le maréchal de Damville, etc. Il y avait encore, et surtout, à pourvoir au logement et à la nourriture des seigneurs qui entouraient Henri III. Leur nombre s'était singulièrement accru depuis le départ de Cracovie. Il y avait là ceux qu'il avait ramenés de Pologne (2), ceux que la reine-mère lui avait envoyés avec du Villard, son propre maître d'hôtel, et encore ceux accourus en grand nombre pour adorer le soleil levant et dont plusieurs avaient déjà été récompensés par l'octroi des hautes charges de la Cour, ou allaient l'être. *(Lettres de Catherine de Médicis, V, p. 85, note.)* Il y avait la foule des officiers de bouche, de gobelet, fruiterie, panaterie, écurie ; le médecin, l'apothicaire, les barbiers, valets de chambre, huissiers, fourriers, passementiers, tapissiers, tailleurs, chaussetiers, cordonniers, selliers, coureurs, portiers,

(1) Il avait épousé en 1569 Marie de Savoie, fille naturelle, légitimée, d'Emmanuel-Philibert et de Laura Crevola, de Verceil.

(2) On trouve dans la liste qui suit *le comte Christophe de Pollonia.*

etc.; tous montés, sauf les douze laquais et les quatre portiers.

Les seigneurs nommés dans la liste qu'on trouvera plus loin sont (par ordre alphabétique) MM.

le trésorier Abel
d'Ambrunay
d'Amomy
de l'Aubespine
d'Autefort
duc d'Angoulême
de Banfin
de Beaulieu
de Beauvoir-Mergin
de Bellegarde
de Belleville
de Bocqueville
de Cargalet
de Caylus
Jules Centurion
de Châteauvieux
de Chemerault
de Chenaux
de Cheverny
de Corlon *ou* Corton
de Foix
de Fontanière
César Fregoso
l'autre Fregoso
de Gamache
le comte Gayant
de Grillon
Philib. de la Guiche
Jean-Franç. de la Guiche
secrét. du Jardin

de La Mirande
de Larchant (l'aîné)
de Larchant le jeune
de Liencourt
de Lussey
de Malicorne
Herasmo Malvicino
de Meuru
de Montafié
de Montigny
de Neuvy
d'O.
de Pallezeau
de Paulmiers
de Paulvillers
de Pognin
de Pompador
de la Porte
de Puyberac
de Rambouillet
de Ranti
de Rieux
de la Roche-Guyon
de la Roche-Posay
de la Rude
de Ruffey
de Saint-Albere
de Saint-Geny
de Saint-Luc
de Sauve

de Souvré   de Villequier l'aîné
Strozzi   de Villeroy
de la Vauguyon

Il y avait encore les grands aumôniers, les différents contrôleurs ; mais on n'y voit pas Bellièvre et Philippe des Portes, le poète attitré du roi et qui était bien dans sa suite, d'après quelques *Mémoires*.

Le « train du Roy » comprenait 837 bouches et 808 chevaux ; celui du duc de Savoie devait être considérable aussi. Pour faciliter le passage et le ravitaillement de tant d'hommes et d'animaux et pour assurer en même temps au roi de France une réception honorable, sinon somptueuse, Emmanuel-Philibert prit dès le commencement de juillet les dispositions convenables. En dehors de ce que les commissaires des guerres avaient à préparer pour la gendarmerie de pied et de cheval, il fallait, pour les deux « trains », du blé, de l'avoine, du foin, du vin, de la viande, du beurre ; il fallait préparer des logements au château de Chambéry, les meubler, y installer des cuisines ; parer la ville, y convoquer des joueurs de tambourins et de fifres que le roi très chrétien aimait fort à entendre ; il fallait principalement un dais de drap d'or sous lequel le roi recevrait les clés de la ville, entendrait le compliment des syndics et s'avancerait solennellement jusqu'à l'église de Saint-Léger et au château ducal.

Voici la délibération que les bourgeois de Chambéry prirent à ce sujet :

Du 18 juillet 1574 dans la chambre du conseil de la ville de Chambery, tenant le conseil general (1) après le son de grosse cloche accoustumé, assistant noble Sibuet Folliet, chastelain.

Assembles et congregés nobles Jacques d'Orlier, François Jordain, m° Claude Allamand, hon. Jacques François Villaret scindicques de la présente ville de Chambery, mons. m° Loys Chastel, docteur es droits advocat de lad. ville, M° Pierre Bonaud procureur d'icelle, M° Jehan Grandval, noble Hector de Lambert, cappitaine de la ville, messires François Empereur, Amed du Coudray, docteurs es droits, advocats au souverain Senat de Savoye, nobles Moris Salteur, Etienne d'Yvone ? Jehan Albert, Claude du Chesne, Claude Bataillard, Pierre Marquet, hon. André Mojon, Jehan Bovery, Claude Boisson et m° Pierre Crinet, bourgeois et conseillers de la ville.

Suyvant la remonstrance faicte de pourvoir sur la venue du roy de France a esté ordonné que ladite venue sera faicte ainsy et selon qu'il sera advisé et ordonné par messieurs les syndicques et commissaires sousnommés scavoir : mons. m° Benoist Cavet, docteur es droicts, advocat au Senat, m° Jehan Grandval procureur audit Senat, noble Moris Salteur, Estienne Dyvone, Claude Ballin, Pierre Pillet, m° Philibert Mareschal, hon. Angelier Ginet et André Moion, bourgeois et conseillers de la dite ville... ausquels... est donné tout pou-

(1) Comptes des syndics de Chambéry pour 1574 ; pièce annexe n° 112 ; à la Bibliothèque publique de Chambéry.

20

voir de faire, traiter... tout ce qui sera requis et neces-
saire tant pour le fait du pallie *(le dais)* qu'aultres
affaires pour le faict de la d. venue, et pour avoir les
tappisseries sont commis les dits seigneurs Pillet, m°
Claude Ribet, hon. Claude Boisson et Jehan Bouvery.

Pour copie : *signé* SAPPIN [secrétaire].

Le 6 août, le duc donna à son chancelier des
instructions détaillées et spéciales pour Chambéry.
Il lui écrivit :

« Puisque vous êtes continuellement averti par nous
des progrès du voyage de S. M. il est nécessaire que
vous en informiez aussi ceux de Savoie pour qu'ils
puissent donner ordre au nécessaire en temps voulu.
Avertissez-les particulièrement de faire accommoder le
logement et les cuisines du château, s'ils ont besoin de
réparations. Qu'ils donnent ordre en outre aux meubles
tant de cuisine que de salles et chambres. Quant aux
fournitures de lits, je pense qu'ils obtiendront celles
de M. de Nemours (1), des comtesses d'Entremont,
de Tournon, de Montrevel, de M. de Perez (2), qui

(1) Jacques de Savoie, duc de Nemours et de Genevois,
cousin germain du duc Emmanuel-Philibert et du feu roi
Henri II. Il habitait alors Montcalier, près de Turin. Sa
femme, Anne d'Este, veuve de François de Lorraine, duc de
Guise, était restée auprès de Catherine de Médicis, qui
l'amena à Lyon. (V. *Lettres de Cath. de Médicis*, V, p. 72.

(2) La comtesse d'Entremont, Béatrix Pacheco, mère de
Jacqueline d'Entremont de Montbel, celle-ci veuve de l'amiral
de Coligny ; — la comtesse de Tournon, Claudine de Bellegarde (Savoie), veuve de Pierre Maillard, baron du Bouchet,
comte de Tournon, gouverneur de Savoie, mort l'année

pourront nous suffire. Il faudra aussi qu'ils voient où
sera notre logement et si nous pourrons nous placer dans
l'appartement du bas, près la Sainte-Chapelle, appelé
le logis de M. de Nemours » (1).

Le chancelier ne manqua pas de transmettre
ces instructions aux syndics de Chambéry, qui,
dans la mesure du possible, s'attachèrent à imiter
la réception que Turin allait faire au roi de France.
François Jourdain, l'un d'eux, rédigea ensuite, sous
le titre de *Discours sur la politique de Chambéry
en 1574* une relation de ce qui se passa à la réception d'Henri III. Malheureusement, elle ne se
retrouve plus aux Archives municipales (2). Nous
allons essayer de suppléer à sa perte en coordon-
nant les renseignements épars dans les comptes

précédente ; — Mme de Montrevel était probablement Fran-
çoise de la Baume, mère de François de la Baume-Montrevel,
gouverneur de Bresse, dont la veuve, Hélène de Tournon,
s'était remariée le 20 novembre 1566 à M. de Kaernevenay
seigneur de Carnavalet. — *M. de Perez ;* il faut, très vrai-
semblablement, lire M. de Boëge, qui prêta en effet ses tapisseries.

(1) Traduction de la lettre en italien reproduite par
M. Saraceno, *loc. cit.*, p. 221.

(2) Registre 8ᵉ des délibérations. — Conseil général de la
ville tenu le 24 novembre 1574. Le syndic Jordain fait connaître « qu'il a écrit un livre de papier couvert de parchemin
intitulé *Discours sur la politique de la ville de Chambéry
pour l'an 1574 contenant tout ce qui a été fait tant sur
le régime et gouvernement de la présente ville que sur le
fait de la venue et passage du Roy de France et de Pologne* ».

22

des syndics pour 1574 et dans les mémoires de
dépenses qui y sont joints.

Il était d'usage, dans les circonstances semblables, de favoriser l'expansion des sentiments de
pitié et de générosité des princes par un « lâcher »
de prisonniers et une présentation de pauvres
sur qui se répandait une pluie plus ou moins
abondante de monnaie. A Turin, on suivit la
tradition ; avec une discrétion avisée toutefois. Le
duc écrivit au Grand chancelier :

« Nous voulons qu'on ouvre les prisons, mais nous
mandons au capitaine Barberi de faire conduire à Montcalier les prisonniers qui ne doivent pas être libérés.
Et si dans les terres voisines il y a des détenus de peu
d'importance on pourra les amener à Turin et les répar-
tir entre les prisons du Château et celles du Senat afin
qu'a leur ouverture « ils fassent nombre ». Tenez ceci
secret afin que personne ne le sache (1) ».

De son côté la duchesse ordonna, pour éviter le
danger de contagion (peste) ou quelque accident,
que, parmi les étrangers pauvres et misérables et
parmi les pauvres de la ville, on fit un choix de
ceux qui seraient admis à l'aumône royale, s'il en
était fait une, et que les autres fussent renvoyés
de Turin ou placés avec quelque secours dans un
lieu où ils ne pussent nuire, afin qu'on ne les
rencontrât pas mendiant par la ville (2).

(1) Saraceno, *loc. cit.*, p. 222.
(2) Gabotto et Badini Gonfalonieri, *Per l'Entrata*,
p. 16-17.

Il est bien probable qu'on prit à Chambéry des mesures semblables, cependant nous n'en avons pas retrouvé la trace.

Un autre usage, à l'occasion des « joyeuses entrées » des princes dans les villes, était l'octroi de grâces aux accusés fugitifs et aux condamnés contumax. Le souverain « préférant miséricorde à rigueur de justice », feignant de reconnaître le bon fondement des raisons alléguées dans la requête, graciait le suppliant, en réservant toutefois les dommages dus à la partie lésée et le droit de vérification du Sénat (ou du Parlement), qui refusait toujours d'enregistrer les lettres de pardon lorsque l'injustice était trop criante.

IV.

De Turin à Chambéry.

Henri III et le duc de Savoie arrivèrent à Chambéry le jeudi 2 septembre (1), le septième jour après leur départ de Turin. Le passage du Montcenis, le 29 août, exécuté par Henri III en

(1) « Jeudy 2ᵉ septembre fust le jour de l'entrée en ceste ville de Chambery du Roy Henry troisiesme de ce nom, Roy de France et de Pollonie ». (*Les Registres des Entrées du Sénat de Savoie,* p. 31.) L'avant-garde était arrivée la veille.

24

litière vitrée, avait été excellent (1). Parvenus sur
le plateau, tout près du lac aux eaux vives et
claires, les deux souverains purent savourer les
truites rosées prises au réservoir du prieuré, le
beurre et le miel finement parfumés de la montagne et réjouir leurs yeux du spectacle grandiose
et charmant du vaste col en un beau jour d'été.

A Saint-Jean-de-Maurienne, ils reçurent sans
doute l'hommage de l'évêque Pierre de Lambert;
mais il ne semble pas que l'évêque de Grenoble,
François de Saint-Marcel d'Avanson, de qui dé-
pendaient Chambéry et le décanat de Savoie, soit
venu « faire la révérence » et assister au baise-
main.

La ville, après avoir, pour un florin, « fait
oster la chair puante des fossés », avait construit
un pavillon de verdure et une fontaine à la Mala-
dière dans le pré de m° Pernect, placé sur divers
points (2) des portails (arcs de triomphe ?) sur-
montés d'écussons royaux et établi une « feuillo-
lée », c'est-à-dire, croyons-nous, une allée de
verdure à l'aide de sapins coupés à la forêt de
Saint-Cassin et reliés entre eux par des chapels

(1) Le 29 août, le duc écrit de Lanslebourg : « Aujourdhui
nous avons passé la montagne fort bien, grâce à Dieu, quoi
qu'avec un peu de froid. » (SARACENO, *loc. cit.*, p. 230.)

(2) « Un à l'entrée du faubourg Montmélian, un sur le
pont Morens, un autre à la porte de la ville, le quatriesmo
vers la tour du chastiau. »

ou couronnes (1). Mais la pièce essentielle était le dais ou baldaquin, que les syndics appellent le *pasle*, le *palle* et le *paille* (2).

Henri III, qui avait montré un grand courage personnel dans la guerre civile de 1569 (3), aimait encore les revues et parades et les joyeuses sonneries des trompettes. En traversant le Montcenis, il avait témoigné au duc le désir d'avoir à Chambéry « les musiciens de la Volta ». Emmanuel écrivit aussitôt à son jeune fils de les faire partir en poste de Turin, sous la conduite d'un courrier qui les amenât à Chambéry pour le mercredi soir, sûrement et avec de bons soins (4). C'est sans doute pour favoriser ce goût que la ville ne se contenta pas de ses propres taborins, fifres et trompettes. Elle fit venir toute la sonnerie de la

(1) Ces couronnes étaient faites d'étoupes recouvertes de lierre pris au château d'Apremont, et de papiers de couleur.

(2) De l'italien *palio* ou *pallio*. — Arch. municipales ; comptes de 1574.

(3) Principalement le 3 octobre, à Moncontour.

(4) « Et parce que S. M., écrit le duc, m'a dit qu'elle désirait vivement avoir à Chambéry les musiciens *(i sonatori)* della Volta (?), j'envoie cet exprès pour aller les prendre et les amener sans délai par la poste à Chambéry de façon à ce qu'ils y soient mercredi soir. J'écris la ci-jointe au Prince (Charles-Emmanuel) pour qu'il les envoie aussitôt et les fasse accompagner par un courrier avisé qui leur fasse bonne compagnie en les conduisant sûrement. (Traduction de la lettre publiée par Saraceno, *loc. cit.*, p. 230.)

ville d'Annecy (1), et recruta à Montmélian et dans les paroisses voisines tout ce qu'elle put trouver de ces artistes. Pour rendre les sonneurs de trompettes plus brillants, elle orna leurs instruments de banderolles de taffetas blanc et rouge.

Après la montre ou revue, peut-être avant, les syndics et le corps de ville allèrent présenter au roi les clés de la cité, qu'ils avaient, comme à Turin, fait redorer pour la circonstance (2), et lui faire le compliment d'usage. Bien que possédant leurs robes ordinaires de cérémonie, de couleur violette, les syndics durent, à raison de la mort de Charles IX, se munir de robes de deuil. Henri III était, dès ce moment, sévère sur l'étiquette de sa cour, et toute infraction, même dans les terres de son oncle, lui aurait déplu. Ils s'en firent donc confectionner de noires « en fin damas grand drap, bandées de velours de Gênes et

(1) C'étaient *Pierre Hugon*, serviteur et trompette de la ville, *Jehan Bolliet, Pierre Gringet* et trois autres « compagnons taboriniers ». Parmi les sonneurs de taborins, il y avait encore *Etienne Pollain, Charles Valloy, André Peytavin ;* — *Claude Pimpinet, François Bidot, Martin Paccot* étaient fifres.

(2) L'opération exécutée par le fourbisseur Pierre Milland coûta 6 florins 6 quarts. Les clés furent retenues les unes aux autres par un cordon de soie jaune et bleue. — A chaque changement annuel de syndics, les sortants remettaient aux entrants les clés de la ville, celles de la « tour bossue » et de la crotte *(archive)* du bureau ainsi que le livre cloué *(à gros clous)* des franchises.

bordées ? de taffetas migrain, de Gênes aussi » (1).

Le lieutenant ducal de Savoie, Loys de Seyssel, baron de la Serraz (2), dut présenter la noblesse. Le Sénat de Chambéry (*Parlement*) ayant à sa tête Louis Milliet, premier président, Louis Oddinet de Montfort, comte de Montréal, second président, reçut le roi en robes d'écarlate et la Chambre des Comptes, en robes noires.

On doit supposer que le roi s'avança, au bruit de l'artillerie amenée de Montmélian et du château de la Croix, sous le dais porté par les quatre syndics, pour se rendre à l'église paroissiale principale, Saint-Léger, devant laquelle une tapisserie avait été tendue, et de là, au château, où les messieurs de la ville purent offrir aux seigneurs les deux charrettes de vin blanc et de vin claret qu'ils avaient fait acheter pour eux à Arvillars.

Après un bon souper, le roi, le duc et leurs suites purent se reposer dans les logements qui

(1) Il fallut 28 aunes et demie de damas noir, 8 aunes de velours et une aune de taffetas. Quinze aunes de drap blanc et rouge et une aune de bouqueran suffirent pour les robes des cinq serviteurs de ville ; chacune d'elles fut ornée d'une étoile brodée.

(2) Bon homme de guerre, il avait bien négligé l'écriture, car les traits informes de ses signatures « Lois de Ais » au bas des comptes présentés au Conseil d'Etat pour le paiement des munitions semblent être tracés de la main d'un vieux bûcheron. — Il mourut en 1583. (Voir Comte DE LOCHES, *Histoire d'Aix-les-Bains*, t. Ier, p. 190.)

28

leur avaient été préparés et qui avaient dû être
suffisamment garnis et ornés au moyen des meubles et tapisseries empruntés de M. de Valence,
seigneur de Gruffy, de M. de Boëge, des dames
de Maillard de Tournon, d'Entremont (1) et de la
Barre de Montcharnin.

Profitons de leur sommeil pour décrire le dais.
Les ombres des vieux syndics ne nous pardonne-
raient pas de parler trop brièvement d'une œuvre
à laquelle ils consacrèrent tant de sollicitude et
de florins.

Le pale ou dais. — Les arcs de feuillage.

Le Conseil de ville arrêta d'abord que le *pasle* serait
« de damas bleu à l'impériale, garni et enrichi de franges
d'or et autres choses nécessaires », de la longueur de
deux aunes et demie, et de deux aunes de largeur.

La confection en fut confiée au brodeur *Claude Bo-
cher* qui reçut pour son salaire près de 29 florins.

On acheta « 19 aunes de fin damas bleu du prix de
290 florins, et 32 aunes de fil d'or superfin pour 200
florins ; 12 aunes de passements d'or pour placer sur le
damas, et qui coûtèrent 79 florins ; 3 aunes de taffetas
bleu de Saint Gal pour couvrir les liteaux et trois quarts
de treillis bleu de Saint Gal pour border le pasle ; 9 aunes
de grandes franges d'or ; 23 aunes de petits frangons
à cinq sols l'un et autant à deux sols la pièce ; 9 aunes
de grande frange de soie bleue ; enfin une aune de soie

(1) Dans son château d'Espines, aujourd'hui converti. On
y emprunta neuf pièces de tapisserie.

jaune et bleue tant pour coudre la couronne et les florons
du pasle que pour faire le cordon aux clefs dorées qui
furent présentées à Sa Majesté ».

Les portails et écussons furent peints par le peintre
Gaspard Geay, Giay ou *Jay*, et son escouade d'ouvriers :
René Obstant, Pierre Poncier, Jacques Gaud, et César
Caille (1). Ils eurent aussi à repeindre le réfectoire de
Saint-François (Cordeliers), vaste salle où une partie
des deux trains dut aller prendre ses repas.

La ville fit enfin rhabiller ses tabourins, ses cloches et
son horloge, referrer, vernir et dresser ses piques tant
neuves que vieilles ; rapporter à Rumilly, Annecy, Boëge,
etc, les tapisseries empruntées, restituer la vaisselle et
les linges prêtés, payer ce qui en avait été cassé, déchiré
ou perdu. Elle dépensa pour le dais, les robes des syndics et des serviteurs, 1407 florins ; pour la *fabrique* des
portaulx et écussons, 201 fl. Il semble que la solennité
ne fut pas favorisée par le temps, car on dut acheter
« deux aunes toile cirée pour couvrir le grand écusson
sur le portail a cause de la pluie ».

La dépense totale s'éleva à 3118 florins. 8 sols 3
quarts ; ce qui représentait plus du quart des recettes
ordinaires de la ville (2).

(1) Voir annexe 142. — Sur Gaspard Jay et Pierre Poncier,
voir A. Dufour et Fr. Rabut, *Les Peintres et les Peintures
en Savoie,* au t. XII des *Mémoires* de la Soc. Sav. d'histoire
et d'archéologie, p. 130 et 155.

(2) En 1574, les recettes ordinaires furent de 12,043 florins,
et de 9,675 seulement en 1575.

V

De Chambéry à Lyon.

Le 3 septembre, Henri III et Emmanuel-Philibert quittèrent Chambéry, se dirigeant vers Lyon par le Pont-de-Beauvoisin et Bourgoin. Ils traversèrent les cols peu élevés de la montagne de l'Epine, au couchant de Chambéry : à droite, le col de l'Epine proprement dit, les conduisant au château de ce nom ; au milieu, le col du Crucifix, avec sa voie romaine qui pouvait alors être en bon état ; et à gauche, le col de Saint-Michel amenant à l'extrémité sud du petit lac d'Aiguebelette (1). Ils purent coucher dans les châteaux entre la montagne de Lépine et le Guiers. Le 4, ils arrivèrent aux bourgs de Pont-de-Beauvoisin ; l'un, le savoyard, sur la rive droite du Guiers ; l'autre, le français, sur la rive gauche, et y trouvèrent François, duc d'Alençon, frère du roi, et Henri, roi de Navarre, qui, avec la permission de Catherine de Médicis, étaient venus les y attendre. Tenus en suspicion et presque pri-

(1) Une grande partie des troupes passa sans doute plus à droite, par le col du Mont du Chat, pour aller à Belley et suivre le cours du Rhône jusqu'à Lyon ; une autre dut passer, au contraire, au midi, à gauche, par le col des Echelles, et s'échelonner dans la campagne et les bourgs jusqu'à Vienne. — Le passage des troupes et des trains à Chambéry avait duré quatre jours.

sonniers par la régente, ils adressèrent à Henri III
de vives protestations de dévouement qu'il reçut
de bonne grâce. Il les embrassa et leur déclara
qu'ils étaient libres (HENRI MARTIN, IX, 406).
Arrivé ainsi à la limite de ses Etats, le duc de
Savoie ne prit pas congé de son neveu ; il l'accom-
pagna jusqu'à Lyon avec sa petite armée. Le roi
était bien aise de s'avancer avec sécurité dans le
haut Dauphiné et d'arriver à Lyon ayant à ses
côtés un capitaine consommé dont la vigilance et
la fermeté écarteraient les dangers dont, avec
raison, il pouvait se croire environné (1).

Catherine de Médicis accourut à son tour au
devant de son fils. Elle franchit les dix lieues qui
séparent Lyon de Bourgoin, et, le 5 septembre,
ils se retrouvèrent ensemble dans ce petit bourg
où ils passèrent la nuit. Le 6, le roi de France,
qui avait voyagé en litière (2), fit son entrée à
Lyon par la porte du Rhône dans un coche de
velours noir, rappelant les gondoles vénitiennes.

Le duc de Savoie se mit immédiatement à
l'œuvre pour obtenir d'Henri III la restitution de
Pignerol, Savigliano et La Pérouse, promise à la

(1) En novembre, lorsqu'il se rendit à Avignon, Mont-
brun, celui qui disait que « lorsqu'on a le cul sur la selle
tout le monde est compagnon », lui enleva une partie de ses
équipages.

(2) Il se plaignait de se ressentir d'une blessure reçue dans
les combats de 1569.

32

duchesse. La reine-mère, entièrement favorable à
cet acte, avait, le 30 août, écrit à sa belle-sœur de
se rendre aussi à Lyon où elle lui ferait préparer le
logis qu'elle y avait occupé déjà en juillet 1564 (1)
ou toute autre maison qui lui plairait davantage.

Lyon, 30 août 1574 (2).

A madame ma sœur — madame la duchesse de Savoie.

Madame j'è receu par Balagny (3) une de vos letres
et entendu par lui que le Roy mon fils ayst parti d'auprès
de vous il y a nuit (*hui*, aujourdhui) quatre jours. Ie les
conte afin que me tenié promesse que, douse apres qu'il
seroyt parti, vous partiriez pour venir ysi, car de notre
couté, nous ne fauldron de vous y atendre le moys et
si (4) semaynes plustost que n aye ce bien. Ie m asseure
que le Roy mon fils ne me le refuseré, car yl me la ynsi
mendé que jé le vous mende ; jé fayré retenir votre logis
et pour vos dames et jeans, coment aytyes l'aultre foys,
et, s'yl n'étoyt bien a votre grè mendé le moy jé vous
fayré loger ou yl vous playré me mender. Pansé, Madame que déjeà jé commence a sentir l'ayse que jé auré,
apres avoir veu le Roy, vous voyr ce seré pour me
refayre de mes malheurs et ennuis que j'é tant et que jé
eu depuis que né eu l heur de vous voyr. Cet peut aystre
en ceste ville jé l aymerai toute ma vie d'estre cause de

(1) Le duc et la duchesse de Savoie y étaient venus alors
visiter Charles IX et la reine-mère (GUICHENON, II, p. 258).

(2) *Lettres de Catherine de Médicis,* t. V, p. 80.

(3) Jean de Balagny, fils naturel de Montluc, l'évêque de
Valence.

(4) *Si,* six ; note de M. de la Ferrière.

si grant ayse pour moy. Touts les foys que vous vois.
l'espère que nous voyrons plus a nostre ayse, s'il plest
a Dyeu cet que je lui suplie vous donner cet que vous
desiré.

De Lion cet xxxme de haust 1574.

vostre tres humble et tres obeissante seur,

CATERINE.

Marguerite ne put profiter de cette gracieuse
invitation. Son fils était en danger de mort, elle-
même était atteinte d'une grave maladie. Elle ne
se crut pas d'abord dangereusement atteinte, car, le
12 septembre, elle faisait écrire au duc, s'excusant
sur un peu de fièvre de ne pas écrire elle-même :
« Quant à l'indisposition de notre fils, je m'en
tiens à ce qu'en disent les médecins dont vous
recevrez la relation. Mon propre mal n'est pas
grand'chose, si ce n'est qu'il m'empêche d'être
auprès de vous, mais j'espère qu'avec l'aide du
Seigneur, tout se passera bien » (1). Malgré la
gravelle dont il souffrait, Emmanuel-Philibert
partit en toute hâte pour Turin. En route, un
messager apporta la nouvelle que la duchesse avait
succombé. Les seigneurs de la suite du duc vou-
laient d'abord la lui cacher ; mais, sur le conseil
d'Enée-Pic de Savoie, ils chargèrent l'un d'entre
eux, Galois de Regard (2), évêque de Bagna-
rea, de lui annoncer ce funeste événement. L'évé-

(1) RICOTTI, II, p. 358.
(2) D'une famille du Genevois près d'Annecy et Rumilly.

34

que, dit Guichenon, « prit cette commission et s'en acquitta en homme d'esprit » (1).

La douleur que le duc ressentit fut violente : elle eut raison de sa force d'âme, que jusqu'alors les événements n'avaient pu vaincre et qui lui avait valu le surnom de « Tête de fer ». En voyageant jour et nuit, il fut bientôt à Turin, où il trouva son fils Charles-Emmanuel hors de danger. Le duc fit à son épouse de magnifiques funérailles qu'il conduisit lui-même, avec l'assistance de trois archevêques et de neuf évêques. L'oraison funèbre fut prononcée par le franciscain Angelo Justiniani, évêque de Genève (2) ; mais, dit M. Ricotti, les pleurs des assistants furent le meilleur éloge de la duchesse (II, p. 360).

Tous les historiens italiens ont rendu un hommage complet aux grandes qualités de Marguerite de Valois, duchesse de Berry et de Savoie. M. Ricotti a fait d'elle (*loc. cit.*, p. 358-60) un portrait dont il nous est agréable de donner la traduction :

En trois jours, la bonne princesse fut ravie à l'amour de tous. Ses vertus étaient si grandes et si nombreuses qu'il est rare d'en rencontrer autant dans une seule personne. Elle avait dignité et courtoisie, indulgence et

(1) Cambiano, *Historico discorso,* col. 1090-91 ; Guichenon, *Histoire généalogique de la Maison de Savoie,* II, p. 264.

(2) La résidence des évêques de Genève avait été transportée à Annecy en 1536.

jugement, génie naturel et acquis par l'étude, grandeur des actions et simplicité des manières, effusion du cœur et sage raisonnement.

Elle était d'une taille exactement proportionnée (*statura giusta*). Quoique sans beauté, son visage était agréable ; son port, majestueux. Elle était si affable qu'elle ne permettait à personne de lui parler qu'après s'être couvert ; et si son interlocuteur était d'un rang un peu distingué, elle le faisait asseoir à son côté.

Plus que les femmes ne le sont d'ordinaire, Marguerite était adonnée aux lettres vulgaires, grecques et latines, à la politique, à la morale, l'histoire, la religion. Elle eut Michel de l'Hôpital pour secrétaire, et pour instituteur Jacques Amyot qui, à sa demande, traduisit les *Vies* de Plutarque et y ajouta celles de Scipion et d'Epaminondas. Elle favorisa les beaux esprits. Ils la célébrèrent en vers et en prose, et, le fléau de l'adulation n'épargnant même pas les plus dignes, l'appelèrent *la dixième Muse, la Minerve française*. Elle dépensait une grande partie de ses revenus à secourir des personnes tombées dans le besoin, à doter des familles pauvres ; il n'y avait presque pas de fiefs de la couronne où elle ne fît nourrir des enfants pauvres. Elle prenait volontiers en main les causes des malheureux et des veuves et les soutenait auprès du duc et des tribunaux.

Quelques-uns, à lui voir méditer les Saintes-Ecritures, converser avec les Protestants, ont suspecté sa foi ; mais sa diligence à remplir les devoirs d'une catholique l'ont montrée toute autre. Encore jeune fille, elle avait refusé la main du duc de Vendôme, premier prince du sang, disant qu'elle ne voulait pas épouser un sujet. Elle désirait avoir pour mari Emmanuel Philibert qu'elle estimait

36

au dessus de tous. L'ayant obtenu (*un peu tard*) elle ne
cessa jamais de l'aimer et de le révérer, fermant les
yeux sur ses infidélités, tolérant même que ses enfants
naturels fussent traités royalement à la Cour. En secret
elle se plaignait seulement que le lit conjugal restât vide
alors qu'il pouvait encore être fécond. Quant au duc,
s'il ne l'aima pas d'amour, il eut toujours pour elle une
véritable affection et un grand respect, ne lui parlant
jamais que le chapeau à la main, ne repoussant jamais
ses demandes bien qu'il se plaignît aux suppliants de ce
qu'ils recouraient tous à elle pour forcer sa volonté. Il
écoutait les conseils que son charme savait insinuer
dans son esprit, et, à sa prière, tempérait la sévérité de
ses résolutions contre les dissidents.

En somme, Marguerite de France, duchesse de Savoie,
fut pleurée et regrettée de tous comme une protectrice
commune, la mère des pauvres et des affligés, et parce
qu'elle était, suivant le mot du médisant Brantôme lui-
même, « la bonté du monde ».

Bien que cette mort funeste eût relâché les
liens qui unissaient la Maison de Savoie à celle
de France et accru les difficultés survenues dans
les conférences pour la restitution des places piémontaises, l'habileté des représentants du duc, le
comte de Leyni et le président de Montfort (1),
et la fermeté d'Henri III qui ne voulut pas violer
la parole jurée, triomphèrent de l'opposition du
duc de Nevers qui donna sa démission de gouver-

(1) André Provana et Louis Oddinet, baron de Montfort,
comte de Montréal, président au Sénat de Savoie.

neur du marquisat et fut sans doute très désappointé de la voir accepter.

Tous les auteurs français ont vivement reproché à Henri III d'avoir ainsi livré au duc de Savoie « les clés de l'Italie ». Ils ont oublié qu'il n'a fait qu'exécuter le traité de Câteau-Cambrésis ; que, cette seule fois en sa vie peut-être, il s'est montré reconnaissant et loyal. Pour ceux à qui ces raisons d'honnêteté ne suffisent pas, nous dirons que le roi et sa mère étaient alors un peu dans la main d'Emmanuel-Philibert. Si son amitié, dont, à plusieurs reprises déjà, il leur avait donné des témoignages certains, devait leur être utile, son inimitié pouvait bien plus leur nuire. Le duc de Savoie était lié avec Saint-Lary de Bellegarde, qui venait d'être créé maréchal de France et commandant des troupes du Dauphiné ; il l'était plus encore avec Damville, et possédait lui-même au moins cinq mille hommes de troupes, commandées par son gendre et cantonnées dans le Lyonnais et le Dauphiné.

S'il s'était joint aux rebelles, à ce moment où les protestants étaient fort irrités contre le roi, celui-ci eût été placé dans une situation bien difficile et bien dangereuse, que, de concert avec sa mère, il voulut éviter. Le traité de restitution se fit donc. Il fut signé le 14 décembre 1574, à Turin, par le duc de Savoie et par les représentants du roi, le grand prieur Henri d'Angoulême, Char-

38

les de Birague et Simon de Fizes, baron de
Sauve (1). Un autre résultat encore aussi heu-
reux pour le duc de Savoie ne tarda pas à se
produire ; le roi d'Espagne n'avait plus de motifs
pour retenir Asti et Santhià, et, en septembre
1575, il les remit à Emmanuel-Philibert, non
sans avoir eu recours, pour les conserver, à divers
subterfuges que l'habileté de M. de Ravoire (2),
ambassadeur de Savoie à Madrid, et l'énergie du
duc ne purent vaincre qu'au bout d'une année (3).

Les historiens français ont blâmé Henri III
d'avoir cédé ainsi « les clés de l'Italie ». Henri
Martin (IX, 405) dit que « le duc de Nevers, cet
étranger, se montra meilleur Français que le roi
de France ». Cependant... il est bien douteux que
Gonzague fût un véritable patriote français. Ce
qu'il voulait, c'était satisfaire sa haine, conserver
son gouvernement et rendre ainsi possible un
agrandissement de sa maison en Italie. Pignerol
et Savigliano étaient surtout les clés du Piémont
et il importait souverainement au duc de Savoie
de les tenir enfin dans ses mains. Ces places lui

(1) *Traités publics*, I, p. 110. — *Mémoires de Monsieur
le duc de Nevers*, in-f°, Paris, 1665, 1ʳᵉ partie, p. 1-68. Les
commandants des villes restituées étaient : les capitaines
La Garigue et *La Ralde* pour Pignerol, *André de Birague*
pour Savigliano et *Francisque de Birague* pour la Pérouse.

(2) Balthazard, seigneur de la Croix, près Chambéry.

(3) Ricotti, II, p. 362 et 513.

étaient dues depuis quinze années. Il réussit à se
les faire restituer, non pas gratuitement comme le
droit l'exigeait, mais en échange de services
réels (en ce temps d'empoisonnements et d'assas-
sinats), en compensation de sommes d'argent et
d'une petite armée qui ne tarda pas à fondre entièrement en Dauphiné au service du roi de
France, comme enfin d'une amitié qui ne se
démentit pas. La décision d'Henri III, juste en
elle-même et nécessaire, fut aussi d'une bonne
politique. Le patriotisme est une vertu sacrée ;
mais il ne doit pas être aveugle et exclusif, il
doit admettre et supporter le patriotisme des
autres.

VI.

Le train d'Henri III. Le taux des denrées. La foule ou perte forcée sur la fourniture des vivres.

A côté des relevés des Archives consulaires, nous allons publier quelques extraits ou analyser certaines parties d'un autre document, précieux aussi (1). C'est le compte posé devant le Conseil d'Etat de Savoie (2) par le syndic Jordain et son collègue qui avaient dû accepter la charge délicate, dangereuse même pour leurs intérêts pécuniaires, d'assurer le ravitaillement des hommes et

(1) Un grand cahier de papier, en 45 folios, dont le dernier est déchiré à moitié, de 36 centimètres de haut sur 25 de large. Le papier est à pontuseaux de 350 millimètres d'écartement avec la marque ou filigrane B P liés ensemble par un *cœur*. (Archives du Sénat de Savoie, pièce non classée ; actuellement armoire 6.)

(2) Il se composait essentiellement du gouverneur de Savoie, du Premier Président du Sénat, du Procureur général, du Président de la chambre des Comptes et de quelques autres membres du corps judiciaire. Ceux qui vérifièrent le compte du syndic Jourdain furent le gouverneur Loys de Seyssel, baron de la Serra, Louis Milliet, premier président du Sénat, René Lyobard, second président, les sénateurs François de Valence, Ginodi, Gaspard de Lescheraine et François de la Rive, tous conseillers d'Etat.

des chevaux du « train » du roi de France, depuis
son entrée en Savoie à Lanslebourg jusqu'à son
départ de Chambéry.

La partie la plus importante est, sans contredit,
la liste des personnes composant « la maison du
Roy », que nous allons donner *in extenso ;* mais
on y trouve encore des renseignements économi-
ques intéressants.

Pour la clarté de leur compte, les syndics com-
mencent par indiquer la *ration* à laquelle les gens
d'armes ont droit pour eux et pour leurs chevaux.
La valeur en est indiquée non en florins, monnaie
courante de Savoie, mais en *carolus* afin, sans
doute, d'éviter toutes discussions dangereuses
entre les hommes d'armes français et les munitionnaires ou leurs commis. Le *carolus*, frappé de
décri sous Louis XII (1), n'était plus qu'une
monnaie de compte valant dix deniers tournois
et équivalant par conséquent à *un* sol moins
2 deniers ; le sol était le vingtième de la livre de
Savoie (2). Malheureusement, cette valeur et le
prix des denrées se rapportent à des mesures ou à
des quantités : *livres, vaissel, quarte, pot* ou

(1) Le Blanc, *Traité historique des Monnaies de France,*
in-4°, 1690 ; le carolus frappé sous Charles VII était *un grand
blanc* au K couronné.

(2) La livre de Savoie valait 3 florins 1 ; l'écu sol, 9 florins 8 (Duboin, *Raccalta delle Leggi,* XIX, p. 906) ; —
en 1576, Emmanuel-Philibert fit battre des florins dont dix

quartelet, etc., qu'il est difficile de déterminer, car il y avait des *livres* de toute sorte, depuis 12 jusqu'à 24 onces (1), des pots, des barils, etc., de différentes grandeurs.

Après ces indications et l'énumération des seigneurs et des servants divers accompagnant le roi, les syndics munitionnaires font le dénombrement des denrées dont ils ont dû se fournir, de ceux qui les leur ont vendues et des prix qu'ils ont payés ; de ceux à qui ils les ont livrées et enfin de la *folle* ou *foule* subie, c'est-à-dire du rabais qui, par mode d'exaction, leur avait été imposé par les fourriers et mareschaux, et à laquelle ils se trouvèrent soumis également au retour de Lyon de la garde ducale.

La ration d'un cheval était, par jour, de 25 livres de foin et d'une quarte d'avoine. Le cavalier recevait deux livres de pain, deux livres de *chair*, bœuf ou mouton (l'homme de pied n'en avait qu'une livre et demie), un pot de vin, une livre de fromage et une livre de beurre. La quantité

valaient trois livres de Savoie. Le florin valait donc environ 77 centimes ; le gros valait 41 centimes 41 dix-millièmes. (Cibrario, *Origine e progressi della Monarchia di Savoia*, éd. de Florence, 1866, p. 312.)

(1) L'once évaluée à 32 grammes du poids métrique. Jusqu'à 1840, la petite livre de Chambéry était de 12 onces ; la livre de Rumilly de 18 onces ; celle d'Annecy et de Genève de 24 onces. La petite livre s'appliquait presque partout aux choses chères ou délicates.

allouée de viande, fromage et beurre aurait été
singulièrement considérable s'il ne s'était pas agi
de la livre la plus faible. Le vin, acheté aux envi-
rons de Chambéry, et pour la plus grande partie
dans « la vaulx de Miolans » appelée aujourd'hui
la Combe de Savoie (1), avait pour unité principale la *charrette,* puis la *sommée,* le *barral,* et le
pot ou *quartellet.* La *charrette* ou *charretée* ou
char se composait de 224 quartelets ou quarteaux ;
la *sommée,* de trois *barreaux.* Le barral (aujour-
d'hui baril d'environ 45 litres), contenait de 18
à 25 pots suivant la capacité du pot (2). Les fûts
sont déjà appelés *toneaulx* (fol. 17).

Le prix d'achat de la charretée était, en moyenne,
de seize écus de cinq florins pièce (3).

(1) Cette vallée s'étend de Montmélian à Conflans.

(2) Voir G.-M. RAYMOND, *Notice sur les poids et mesures
du duché de Savoie,* Chambéry, Puthod, 1838. — Le *pot*
de Montmélian égalait 2 litres 228 ; celui de Chambéry 1 litre
858 ; de Rumilly, 1 litre 904, etc., etc. (p 42). — Le *veissel
féodal* de froment, c'est-à-dire celui qui était payé à titre de
redevance féodale était moins fort d'un 16ᵉ que le *veissel*
marchand ; celui-ci, d'une capacité d'environ 80 litres, devait
peser en 1574 environ 70 kilogrammes ; le veissel d'avoine, à
raison de la légèreté de cette denrée, avait une capacité plus
grande (p. 46-47).

(3) L'*écu* de ce compte était donc bien moins fort que
celui dont la frappe fut ordonnée en 1579 par le duc de Savoie et qui devait valoir dix florins environ.

Extraict du prix fait a Lanlebourg (Lanslebourg) et pour les autres estappes de ça les monts ayant esgard a la pulule des gens de guerre et non au juste prix et valleur des vivres par commandement exprès de Son Altesse au commissaire général des estappes rapportés par le seign. d'Arestel (1) et compris le passage de Sa Majesté très chrestienne le XXVIII *aoust 1574.*

CAVALLERIE.	Carolus.	Quarts.
Foin pour chascun cheval par jour 25 livres	2	2
Avoyne pour chaque cheval, un quart par jour	2	2
Chair pour chaque homme à cheval, 2 livres.	2	»
Pain pour chaque homme à cheval, par jour, 2 livres	»	6
Vin, un pot ou quartelet pour chaque homme et par jour	3	»
Chair mouton et *bœuf*, pour chaque homme de pied, une livre et demie	»	6
Fromage pour chacun, 1 livre	»	6
Beurre pour chacun, 1 livre	»	6

Extraict du roolle du taux des vivres.

La livre du *pain*, 3 quarts (2) ; — le quartellet de *vin*, 3 sols ; — la livre de la *chair*, bœuf et mouton, un sol ; — la livre du fromaige, 6 quarts, 1 sol 2 quarts (*sic*) ; — le quartairon du *foin*, pesant 25 livres 10 quarts, 2 sols 3 quarts ; — la quarte de l'*avoyne*, mesure de Montmellian, 3 sols 2 quarts.

(1) Louis d'Arestel, écuyer ducal, nommé capitaine ordinaire entretenu par patentes du 1er novembre 1572. (*Armorial et Nobiliaire de Savoie*, t. I.)

(2) Trois quarts de *sol* probablement, et non de florin.

Extraict du rolle de la fourniture des vivres pour la maison du Roy qu'ont este livres sans poye (sans être payés).

	Chevaux.
L'office de cuisine de bouche (1).............	XIIIJ
L'office de gobellet	V
La fruicterie.............................	III
La panaterie	VII
Deux maistres d'hotel du Roy.............	VII
Deux gentilhommes servans	IIII
Monsieur de Rambouillet capp^ne des gardes (2).	VI
Le medecin du Roy (M. Miron)..........	IIII
Appothicaire du Roy......................	III
Varletz de chambre du Roy...............	XIII
Varletz de garde robbe	III
Barbier et porte manteau	II
Tailleur et chaussetier....................	IIII
Huissier de salle	II
Contrerolleur des postes. Le s^r du Max.......	V
Contrerolleur g^ral en charge ? d'office du Roy.	V
Mr de Pognin g^d maresch. du logis du Roy (3)	V
Mareschaulx de logis et forriers du Roy.....	IIII
Lescuyerie du Roy........................	X
Monsieur le Grand Prieur (4)	XXV

(1) Ce service était des plus importants, le roi ne mangeant que des mets préparés par sa propre cuisine.

(2) Nicolas d'Angennes.

(3) Le sieur de Poigni, *ou* Poingni, de la maison de Rambouillet.

(4) Le duc d'Angoulême, fils naturel de Henri II. Il était allé au-devant du roi jusqu'à Venise. (Voir Pierre de Lestoille, *Registre de Henri III*, année 1574.)

46

(1) Pierre Strozzi, maréchal de France.

(2) De Gremonville.

(3) Quatrième fils du connétable de Montmorency.

(4) En juillet 1569, il était en pourparlers de mariage avec une Savoisienne, Mlle de la Chambre-Seyssel. (*Lettres*, III, p. 364.)

(5) Guillon? commissaire de l'artillerie royale à Lyon en 1574 (*Lettres de Catherine de Médicis*, V, p. 64).

(1) Souvré ; il devint grand maitre de la garde-robe.

(2) Le « gros Ruffé » détesté de la reine de Navarre, envers laquelle il allait se montrer indiscret à Lyon. (Voir les *Mémoires de Marguerite de Valois.*)

(3) Quelque grand seigneur italien désigné ordinairement par sa qualité de *clarissime*.

(4) Peut-être le fils de César Fregoso, assassiné près de Pavie, le 3 juillet 1541, avec Rincon. — Voir, dans le *Registre de Henri III*, les épigrammes contre les « Italiens de la roine-mère ».

48

(1) A Lyon, il fut nommé membre du Conseil royal. A cet égard et sur la distribution des places, voir la note I, p. 85, t. V des *Lettres de Catherine de Médicis*.

(2) Ou Gayazzo, couronel italien.

(3) Henry de Montmorency; lui-même était resté à Turin d'où il s'en alla en Provence.

(4) Voir dans les *Lettres de Cath. de Médicis*, V, p. 73-75, les minutieuses et fort remarquables instructions sur la façon d'exercer le gouvernement que la reine le chargea de porter à Henri III, à Turin.

Cordonier et sellier du Roy..............	II
M. du Jardin secretaire du Roy	III
M. de la Vauguion....................	LX
Messieurs Dambrunex et Chenaux	X
Les courreurs du Roy...................	II
Quatre portiers................ *(bouches)*	IIII
M. le marquis de Corlon (Corton ?) *(chevaux)*	XII
M. le conte Christofle de pollonia..........	VI
Monsieur du Villard maistre dhostel de la Royne............................	IIII
Monsieur de Beaumont..................	IIII

Sommes huict cents quarante boches (1). — VIII^c XLVII boches.

Recepte en bled.

Receu de m^e Jehan Noyton, fermier de la Motte, la quantité de 8 veysaulx de froment, et de vingt un autres fournisseurs la quantité totale de 355 vaisseaux et 1 quartant, payés, 245 à raison de onze florins le veissel (2) et 110 à raison de douze, — total 4017 fl. 9 sols.

Les syndics convertirent ce blé en pain qu'ils revendirent dans les bourgs (faubourgs) de Maché et de Montmélian et aux portes de la ville, ou qu'en plus grande partie ils remirent aux fourriers des maisons du roi et du duc. Mais comme ils avaient été obligés de revendre à perte, ils portent cette perte ou *folle* en dépense.

(1) On n'en compte plus loin que 837.

(2) Le veissel de froment, le plus usité, équivalait à environ 80 de nos litres, pesant environ 75 kilogrammes (G.-M. RAYMOND, *Notice sur les poids et mesures du duché de Savoie,* p. 46-49).

50

*Demandent les sieurs scindics leur estre satisfaits
des folles par raison du dict bled* (fol. 12) :

Premierement les deux cinquiesmes du dit bled reve-
nants a 1607 florins, pour estre vendu, la livre de pain,
trois quarts et elle revient au prix de onze flor. le veys-
seau cinq quarts que sont moins de deux cinquiesmes....
demandent a être remboursés : de la somme de.... pour
la nourriture de 836 bouches du train du roy, a raison
de 2 livres de pain par homme pour le jeudy, 2 ; de
même pour le vendredi, 3 et pour « la disnée du samedi » ;
— de *foules* semblables pour la maison de Son Altesse,
notamment à raison de sept pains fournis au s^r de
Mouxi commissaire de la gendarmerie ; de 5 pains, à
un capitaine italien qu'est venu visiter la munition ; —
plus, pour 46 livres de pain, livrées, par le commandement de monsieur le gouverneur, aux mareschaux et
fourriers du Roy des le mercredy premier septembre
jusques au sabmedy suivant que sont trois jours et
demy, au prix de trois quarts la livre, = 7 florins, 10
sols, 6 deniers ; — plus aux mareschaux et forriers du
feu Roy ; — plus le pain de 4 jours aux commissaires
des monitions (1) ; — plus en pain perdu (plus de 300)
qui furent prins par force par les soldars comme fera
apparaître le s^r de Mouxi commissaire de l'avant garde ;
— plus la somme de 21 florins de perte sur 518 pains
qui se sont trouvez fort noirs pour avoir d'herbe roge au
bled.

La fourniture du *vin* s'éleva à 28 charrettes et 1 bar-

(1) L'*o* se prononçant *ou*, et l'*u* ordinairement de même,
les mots monitions et munitions sonnaient aussi de même à
l'oreille.

ral ; du prix de 16 écus la charrette, l'écu de cinq florins. Les syndics ne le vendirent que douze écus la charrette. La maison du Roy (837 bouches) en reçut pour deux jours et demi 2092 quartelets à trois sols pièce ; il y en eut d'espanché par le chemin de la Vaulx de Myollans à Chambery pour 40 florins (fos 15-18).

Recette de lavoine, 355 vaysseaux 1 quartant, à 7 fl. le vaysseau ; vendue au prix de 3 sols et demi la quarte, les dix quartes et demie faisant le vaisseau qui ne peut revenir qu'a raison de trois florins neufs ; il en a été livré a la maison du roy pour deux jours et demi ; — aux fourriers et mareschaux du feu roy..., à l'herault du roy... quelques soldats en emportèrent sans payer (fos 19-22).

Recette du *foin*, 97 charrettes au prix de 10 fl. l'une. Il est vendu 10 sols le quintal, la charretée étant de 10 quintaux. Les maisons du roy et du duc ne l'ont payé que 8 sols ; la foule a donc été de 2 sols par quintal (fos 24-26).

Recette de la *chair* achetée des bouchers : André Cochet, Jacques Janin, Jehan Martin, Claude Tarin, Louis Jacquier, J.-François Marge, Anthoyne Riondet, = 1692 livres, 283 fl. 10 sols — à 5 quarts la livre ; ne s'est vendue que quatre quarts, perte 31 florins 6 sols (fos 28-29).

Recette des *fromages* : 16 quintaux 37 livres tant de « robe vieille à 15 florins le quintal que de robe nouvelle », à 14 florins : = 276 fl. 5 sols (fos 30-32).

Recette du *beurre*, 31 livres et demie à 3 sols 6 deniers la livre = 9 florins 5 sols. Ce beurre fut délivré à la maison du Roy qui ne le paya pas (fo 33).

Œufs, 3300 fournis par les syndics d'Aiguebelle ; « plus des deux tiers se trouvèrent pourris et rompus ».

52

Folle pour le retour de la garde de Son Altesse.

Les syndics réclamèrent le montant des pertes faites par eux sur les fournitures de deux jours au retour de cette garde et à celui de la « compaigne de Monseigneur le prince ». Il ne leur est rien alloué.

Menus frais pour les charriages et la munition, aux hommes qui ont veillé le jour et la nuit pour faire moudre le blé, pour les chandoilles employées à raison de 5 sols 6 deniers la livre ; — deux embossoirs de fer blanc *(entonnoirs)*, des mesures de bois, d'étain ; pour des journées d'hommes employés à fagoter le foin, à 9 sols par jour ; pour les riottes de cluys de paille (1), pour la perte sur les sacs légers ou cassés reçus par les soldats ; à Nicalloud qui est allé querre M. le gouverneur à la Serraz (2) pour assister au Conseil, 8 sols (fº 40).

Il est alloué 1 franc par jour, et à chacun, aux notaires Guillaume Galloys et Guillaume Visfrey, commis à la recette du foin et de la munition de blé, et de la farine, etc., du 16 août au 6 septembre.

Sur une feuille volante, nous retrouvons l'ordonnance du Conseil d'État (rendue au nom du duc de Savoie) commettant les conseillers Fran-

<hr>

(1) Riottes ; en patois *riutes ;* liens de bois flexible, allongés de paille de seigle *(gluis* ou *cluis)* dont on lie encore actuellement les gerbes de blé. — On recouvrait de *cluis* les toits des granges et habitations. De nos jours les toits de chaume disparaissent rapidement, à raison des dangers d'incendie qu'ils présentent et surtout du taux fort élevé exigé des compagnies pour les assurer.

(2) Château à environ 8 kilomètres O. de Chambéry.

çois de Valence, sieur de Gruffy, et Gaspard de Lescheraine, sieur des Allues et de La Composte, pour vérifier le compte des syndics, soit « pour l'audition et clostures des comptes des munitions et estappes fournies par n^re commandement sur nos terres de deça les monts en la presente année pour le passaige du tres chrestien Roy de France, princes et seigneurs de sa court, gens de guerre et aultres de la suite de Sa Majesté et, afin de satisfere les vivres et denrées qui sont esté fournis pour cet effect... a plusieurs particuliers et aux fraiz et despences supportés pour celle cause », etc. — Donné a Chambéry le sixiesme jour de novembre 1574. — Par le Conseil d'Estat, *signé* TROLLIOUZ.

Le compte ordonné est dressé par les syndics comme nous venons de l'indiquer, et ils présentent aux commissaires la requête suivante :

COMPTE PRÉSENTÉ PAR LES SCINDICS DE LA VILLE DE CHAMBÉRY.

A vous messeigneurs messieurs monsieur m^e Françoys de Valence s^r de Gruffy conseiller d estat de monseigneur et monsieur m^o Gaspard de Lescheraine aussy conseiller d estat et senateur au souverain senat de Savoye, commissaires en ceste partie desputez par le Conseil d estat apparant de v^re commission cy après tenorizée (1). C est des monitions des vivres faictes en

(1) Celle ci-dessus. — *Ténorisé* (de *teneur*), mot employé encore dans la pratique judiciaire et notariale en Savoie et dans la Suisse romande.

lad. ville par commandement du dict conseil pour le
passaige et entrée de la maiesté du Roy de france et
poulougne suivant le taux a eulx baillé par le d. Conseil
et roolle des fournitures des vivres pour la maison du
roy suivanst les roolles ci apres tenorizé. Requerantz
lesd. scindiez ledict compte estre par vous mes dictz seigneurs veu clouz (*clos*) et alliniz. Ainsi que verrés a
faire par raison.

Après un examen minutieux du compte par les
commissaires, qui y opèrent divers redressements,
le Conseil d'Etat l'arrête, le 19 décembre 1574, à
la somme de 5,574 florins 9 sols 10 deniers.

L'arrêt est signé, de son invraisemblable écriture, par le gouverneur Louis d'Aix, par le premier
président Louis Milliet, René Lyobard du Chas-
tellard (qui devint aussi premier président du
Sénat) et par les sénateurs et conseillers F. de Valence, de Lescheraine, Ginodi (qui devint évêque
de Bolley en 1576) et un dernier qui semble avoir
signé Davet (peut-être *Larive*, sénateur), et enfin
par le secrétaire Trolliouz.

Ces dépenses ne constituent qu'une faible partie
de celles qu'Emmanuel-Philibert fit à l'occasion
du passage à travers ses Etats, de Verceil au
Pont-de-Beauvoisin, du roi de France et de Pologne. On peut donc affirmer que « la Savoie et
son duc » traitèrent honorablement leur hôte.

ADDITIONS ET CORRECTIONS.

Date de la mort de la duchesse de Savoie. —
Suivant Guichenon, *Histoire généalogique*, II,
p. 274, la duchesse mourut à Turin le 14 septembre
1574 ; cette date est généralement adoptée, notamment par le P. Anselme, *Histoire généalogique
de la Maison de France.*

Lorsque le duc apprit à Lyon la nouvelle de la
maladie de sa femme et de son fils, et quitta la
Cour de France pour voler auprès d'eux, il exécuta
son voyage dans une litière fermée, celle, sans
doute, qu'il avait fournie à Henri III ; de sorte
que l'ambassadeur vénitien auprès de lui, François Molino, a pu dire que l'air lui-même ne le vit
pas : « *ritornò in lettica che non fu anche veduto
dall'aria* (1) ». Cette claustration concorde bien
avec l'attitude signalée par Guichenon. La perte
de la duchesse et de leur fils unique aurait rendu
inutiles les longs efforts, les batailles heureuses,
les succès diplomatiques au moyen desquels il
allait enfin reconstituer dans son intégralité son
royaume. On conçoit donc ses cruelles angoisses
dans cette litière fermée où il ne voulait ni espérer
ni désespérer.

(1) L. CIBRARIO, *Relazioni dello Stato di Savoia negli
anni 1574.... dagli ambasciatori veneti*, p. 27.

Nous reproduisons ici, d'après une copie très soignée, due à l'obligeance de M. le baron de Saint-Pierre, surintendant des Archives piémontaises à Turin, la lettre de Catherine de Médicis à la duchesse de Savoie, lettre déjà publiée ci-devant au chapitre V. Les mots entre crochets sont, à raison du mauvais état de la pièce, à peu près illisibles sur l'original.

La reine-mère écrivit au duc de Savoie, le 24 septembre et le 21 octobre des lettres de condoléances et de regret qui paraissent véritablement sincères (*Lettres,* V, p. 88, 89).

A Madame Ma seur Madame la duchesse de Sauoye.

Madame ie resseu par balagni une de uos lettres et entendu par lui que le Roy mon fils ayst parti daupres de uous ylia anuit quatre iours. ie les conte afin que me tenie promesse que douse apres quil seroyt parti uous partirie pour uenir ysi, car de notre coute nous ne fauldron de uous y atendre le moys et si semaynes plus tost que naye cet bien, ie mascure que le Roy mon fils ne me le refusere car yl me la ynsin mende que ie le uous mende ie fayre retenir uotre logis et pour uos dames et ie ans *(gens)* coment ayvyes laultre foys et sil netoyt bien a uotre gre mende le moy ie uous fayre loger au yl uous plaire me mender. panse Madame que de iea ie comense a santir layse que ie aure apres auoir ueu le Roy uous uoyr se sere pour me refayre de mes malheurs et annuis que ie tant et [que ie] eu depuis que ne eu lheur de uous uoyr cet peult [aystre] encete uille ie laymere toute ma uie destre cause de si ˙grant ayse pour

moy toute les foys que [uous uois] iespere que nous
uoyron plus a notre ayse sil pleit [a dieu] cet que ie lui
suplie uous donner cet que desires

de Lion cet xxxme de haust 1574.

Votre tres humble etres hobeissante seur

Caterine.

L'église du *Dôme* où Henri III se rendit en
arrivant à Turin est celle qui est appelée plus
communément l'église de Saint Jean-Baptiste.
D'une chapelle annexe, on pouvait pénétrer dans
le palais ducal ; c'est ainsi que le roi y entra, afin
de ne pas traverser la foule.

Nous signalons aux personnes que les voyages
royaux du seizième siècle intéressent la relation
du voyage qu'Henri II, père d'Henri III, fit en
Piémont, en 1548 : ARMANDO TALLONE, *Il Viaggio
di Enrico II in Piemonte nel 1548,* dans *Bolletino
storico-bibliografico subalpino,* anno IV (1899),
p. 69-113.

———

CORRECTIONS.

Page 23, IV, au lieu des mots *de Turin,* lisez Réception.
— 26, note 2, au lieu de *Milland,* lisez Mollard.
— 28, note 1, après le mot *converti,* ajoutez : en
une grosse ferme.

———

TABLE DES MATIÈRES

60